मधुबन मिले न मिले

गीत-संग्रह

डॉ. विष्णु सक्सेना

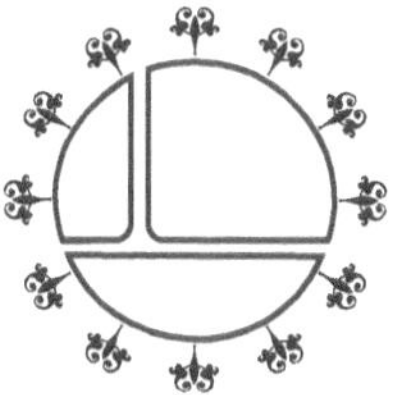

अंजुमन प्रकाशन

अंजुमन प्रकाशन

942, मुट्ठीगंज, प्रयागराज-3 उत्तर प्रदेश, भारत

www.anjumanpublication.com

contact@anjumanpublication.com

आवरण व टाइप सेटिंग : अंजुमन प्रकाशन

ISBN : 978-93-88556-66-8

अपने गुरुतुल्य भाई श्री दीनदयाल सक्सेना
एवं प्रिय पाठकों को समर्पित

कवि-परिचय

नाम	-	विष्णु सक्सेना
जन्म	-	12 जनवरी
शिक्षा	-	बी.ए.एम.एस. (राजस्थान वि.वि. जयपुर)
जन्मस्थान	-	सहादतपुर, सिकंदरा राऊ, हाथरस, उ0प्र0
पिता	-	श्री नारायण प्रकाश सक्सेना, माता- श्रीमती सरला देवी
पत्नी	-	श्रीमती वन्दना सक्सेना
पुत्र	-	सारांश, चित्रांश

सम्मान

मनहर सम्मान मुम्बई, देवी लाल सामर सम्मान-उदयपुर, श्रेष्ठ गीतकार सम्मान-उज्जैन, ओंकार तिवारी सम्मान-जबलपुर, जनहित सम्मान-चित्तौड़गढ़, सुनील बजाज सम्मान-कटनी, निर्झर साहित्य सम्मान-कासगंज, तूलिका साहित्य सम्मान-एटा, श्याम बाबा स्मृति सम्मान-हाथरस, महादेवी वर्मा सम्मान-फर्रूखाबाद, कीर्तिमान सम्मान-मैहर, गोपाल सिंह नेपाली सम्मान-भागलपुर, तुलसी माखन स्मृति सम्मान-खँडवा, मेघश्याम स्मृति सम्मान-वृन्दावन, हरिवंश राय बच्चन सम्मान-इलाहाबाद, राष्ट्रकवि मैथिली शरण गुप्त सम्मान-चिरगाँव, हाथरस गौरव सम्मान-हाथरस, वंशीधर शुक्ल सम्मान-लखीमपुर, भारतीय उच्चायोग लन्दन में सम्मानित, हिन्दी चेतना कनाडा सम्मान, हिन्दू एसोसिएशन राले धरम-अमेरिका द्वारा सम्मान, अंतर्राष्ट्रीय हिन्दी

समिति अमेरिका के वार्षिक अधिवेशन क्वीव्लेन्ड में विशेष सम्मान। राजस्थान के पूर्व मुख्यमंत्री एवं तत्कालीन कर्नाटक के राज्यपाल श्री मोहन लाल सुखाड़िया, उ.प्र. के राज्यपाल श्री विष्णुकांत शास्त्री तथा मुख्यमंत्री मुलायम सिंह द्वारा सम्मानित

उपलब्धियाँ

1. देश की प्रतिष्ठित पत्र-पत्रिकाओं में साहित्यिक एवं चिकित्सा सम्बन्धी लेखों का निरंतर प्रकाशन।

2. आकाशवाणी तथा दूरदर्शन के राष्ट्रीय प्रसारणों में इण्डिया टीवी, सब टीवी, लाइव इण्डिया टीवी, ई.टीवी उत्तर प्रदेश आदि चैनलों से काव्य-पाठ।

3. कैसेट-शंख और दीप, सीडी-प्रेम कविता, तुम्हारे लिए, ढाई आखर प्रेम का

4. संग्रह- खुशबू लुटाता हूँ मैं, आस्था का शिखर, स्वर एहसासों के, खुशबू लुटाता हूँ मैं, लोकप्रियता के शिखर गीत

5. विदेश यात्राएँ- ओमान (1995,2005), इज़राइल (1997), अमेरिका (1997,2001, 03,11) थाइलेंड (2001,07), दुबई (2004,05,07,08,09,10,11), हाँगकाँग (2007, 08), नेपाल (2005,14), इंग्लैंड (2010), त्रिनिनाद एण्ड टोबेगो (2010)

6. हिन्दी कवि-सम्मेलन के मंचों पर विगत 32 वर्षों से सफल और सर्वाधिक लोकप्रिय गीतकार के रूप में प्रख्यात।

7. फिल्म- रंगमहल और फिल्म अभिनेता-निर्माता-निर्देशक मनोज कुमार की एक फिल्म 'द पेट्रिओट' में दो गीत

बसन्त ने किसे संत रहने दिया है?

'मधुबन मिले न मिले' का गीतकार–कवि डॉ. विष्णु सक्सेना आज हमारे आँगन में कई अर्थों में अकेला और अलबेला कवि है। पता नहीं वह अपने चिकित्साशास्त्र के शिक्षण–प्रशिक्षण के बाद अपने मरीजों के साथ कैसा उपचारी डॉक्टर है, पर हिन्दी की आज वाली पीढ़ी में विष्णु अकेला ऐसा गीतकार है जिसे अगर किसी ने एक बार भी अपनी समग्र एकता के साथ सुन लिया तो फिर या तो वह रोगी होकर ही रहेगा या उसका कोई प्राचीन–अर्वाचीन 'प्रेम रोग' नये सिरे से जाग उठेगा। मैं नहीं जानता हूँ कि विष्णु को पढ़कर कैसा क्या होगा या लगेगा, पर उसे सुनना अपने आप में एक कविता है। क्षमा कर दें कि मैंने विष्णु को सदैव तृप्ति की चाह के साथ सुना है, पर एक चिरन्तन अतृप्ति लेकर मुझे आगे चलना पड़ा है।

छायावाद की कसौटी पर विष्णु को कसें तो मन पूछता है कि यदि एक काल्पनिक या वायवी प्रेयसी अथवा प्रेमी ऐसा ही है–जैसा कि विष्णु ने लिखा है– तो फिर असली प्राणमय शरीर कैसा होगा? यदि नवगीत के दायरे में विष्णु को धकेला जाये तो बिम्ब विधान और आधुनिक उपमानों में वह अकेला पड़ जायेगा; विष्णु सहज है, उसका छन्द विधान सनातन और सरल है। कोई रहस्यवादी उलझाव या माथापच्ची वाला मामला नहीं है। अभिधा को व्यंजना तक उसने जिस तरह लक्षणा की लक्ष्मण-रेखा पार करवायी है उसका जोड़ नहीं है। कहूँ कि श्रवणीयता का नया सरगम है। उसका अपनी छन्द-सम्पदा या गीतिमुक्तता का प्रस्तुतीकरण अपने आप में मौलिक और अलबेला है। लगता है कि विष्णु ने मांसलता से शुरू किया है। समझो उसने चुम्बक लगा दिया। अगले छन्द में आपको लगेगा कि वह मादकता का मोहजाल फैला रहा है और आप

फँस गये। उसके अगले छन्द में उसने सम्पूर्ण मांसलता और मादकता के साथ आपको सरसता के सिन्धु में डुबो दिया और फिर आप उसी की अतल गहराई में डूबकर मर जाना स्वीकार कर लेंगे। यही वह मुकाम है जहाँ आपको वायवी–वसुधा का परिव्राजक बना लेता है। विष्णु 'रति' अनंग का गीतकार लगता है, पर है नहीं। अच्छे से अच्छा सुरीला (विष्णु से ज्यादा) गीतगायक भी यदि विष्णु के गीत की प्रस्तुति देगा तो वह वैसा प्राणस्पर्शी रोमांच नहीं दे पायेगा जो कि विष्णु अपनी समर्थ सम्प्रेषणीयता के कारण दे देता है। सूखे काष्ठवत् श्रोताओं को अपने गीतों की सुधा माधुरी का ऐसा मधुसिंचन देता है कि देखते-देखते ठूँठ हरे हो जाते हैं; सरस होकर जहाँ के तहाँ पल्लवित होकर पुष्पित और फलित तक हो बैठते हैं। अपनी प्रत्येक प्रस्तुति में अपने गीत की सृजनक्षणीय प्रसवपीड़ा को साकार जी लेना उसकी शैली है। प्रस्तुति के समय वह मत्त या मस्त नहीं लगता, पर अपनी समूची चौकस चेतना के साथ एकाग्र प्रतीत होता है। स्वराघात और शब्दाघात का ऐसा सधा हुआ संधान करेगा कि आप मर-मर जायेंगे। कई बार तो वह मरु-स्थल में मरुउद्यान और महासागर में द्वीप साबित हुआ है, जहाँ थका-हारा प्राणपंछी घड़ी-आध-घड़ी विश्राम करके अपनी सामान्य चहचहाहट पुनः प्राप्त कर सके। जटिल जीवन के कुटिलकाल में वह एक तरह से मध्यान्तर का गायक, गीतकार और कंचन कवि है।

'मधुबन मिले न मिले' छपेगी तो इस पीढ़ी के प्रणयपत्रों में इन गीतों के कई अंश प्रणय-पिपासा के प्रदर्शन के उद्धरण बनकर कमनीय कालपात्रों में स्थान पा सकेंगे। मुझे आश्चर्य नहीं होगा यदि ऐसा हो भी रहा हो तो। विष्णु की कई पंक्तियाँ, कई छंद, ताज़ा शहद की छत्ते से गिरी सीधी बूँद का स्वाद आपके ओठों पर लगा देते हैं। माँ-बेटी, पिता-पुत्र, सास-बहू, भाई-भाई, गुरु-शिष्य, पति-पत्नी, अपने- पराये, परिचित-अपरिचित, जाने-अनजाने, कच्चे-पक्के, यानि कि सामने बैठे श्रोतागण अलग-अलग शरीरों में विलग- विलग मनोलोकों के मालिक होकर भी विष्णु को सुनते-सुनते, रसधारा में बहते-बहते एक-दूसरे से भावप्रवणता के साथ युत हो जाते हैं, यह समय का सत्य है।

प्रकृति ने विष्णु को सुदर्शन-श्यामल रूप सम्पदा दी है। वह प्यारा लगता है। काव्य पाठ के समय उसका सुदर्शन स्वरूप बिलकुल अबोध शिशु जैसा निखर आता है। पर सच कहूँ वह उतना अबोध या मासूम है नहीं जितना कि लगता या दिखायी देता है। यह तत्व भी उसकी सम्पदा का मूलांश है। उसे सुनते-सुनते लगता है कि अगर धोखा भी दे तो खा लें।

‘काम की कमान’ ‘पंचशर के शर’ और ‘पलाश की पाण्डुलिपि’ एक ही साथ प्रिय विष्णु के इस गीत-संग्रह में आप पा सकेंगे। बसन्त ने किसे संत रहने दिया है! मुझे इस पल की प्रतीक्षा थी।

बालकवि वैरागी (पूर्वसांसद)
पोस्ट–मनासा (मध्यप्रदेश)
जिला मँदसौर 458110

इन गीतों से गुज़रते हुए

लगभग दस वर्ष पहले निम्बाहेड़ा (राजस्थान) के एक कवि-सम्मेलन में जाना हुआ था। नगर पालिका में ही बने गेस्ट हाउस में कवियों को ठहराया गया था। कवि- सम्मेलन से पूर्व मेरे कक्ष में कई युवा कवि मिलने आते रहे; लेकिन उनमें से एक साँवला-सा, छरहरा, अतिशय संकोची स्वभाव के साथ मेरे पैर छूकर अचानक साधिकार 'दादा' कहकर मेरे पास बैठने वाला एक गुमसुम युवक उस समय मेरे अतिरिक्त ध्यान का केन्द्र बन गया। परिचित हुआ तो पता चला वह युवक उदयपुर के पास किसी सरकारी डिस्पेंसरी में कार्यरत है और रहने वाला सिकन्दरा राऊ का है। उसने विनम्रतापूर्वक यह भी बताया कि वह गीत लिखता है–ख़ासकर प्रेम और शृँगार के। मैंने उत्सुकतावश एक गीत सुनाने को कहा और उसने एक ही गीत सुनाकर मेरे रागात्मक संवेदन को ही झंकृत नहीं किया प्रत्युत् मेरे संगीत-प्रेम को भी सोते से जगा दिया। गीत था–मैंने काट दिये दिन-दिन उँगलियों पर गिन। फिर तो लगातार तीन-चार गीत उससे सुन ही लिये। कवि-सम्मेलन हुआ और यह युवा गीतकार अपने सुकण्ठ और गीतात्मक प्रस्तुति के कारण मंचस्थ बड़े-बड़े गीतकारों के बीच छाता ही चला गया। फिर इसे साधिकार मैं बदायूँ और बरेली के कवि-सम्मेलनों में ले आया। जहाँ भी इसे लेकर गया इसे तो प्रशंसाएँ मिलीं ही, मुझे भी आयोजकों ने इस गीतकार के चयन पर साधुवाद ही दिये। म.प्र., राजस्थान, महाराष्ट्र, बिहार, उत्तर प्रदेश, दिल्ली, गुजरात, आंध्र प्रदेश–जहाँ भी यह गया अपनी अमिट छाप छोड़कर लौटा।

सूरत में देश के प्रसिद्ध मंच-संचालक और आयोजक श्री रामरिख मनहर

से इसका परिचय कराया और देखते-देखते यह गीतकार मनहर जी की कवि-सूची का चहेता कवि बन गया। आज इतनी प्रसिद्धि और उपलब्धियाँ पाकर भी इस युवा गीतकार में कहीं कोई दुरभिमान नहीं आ सका है, इससे लगता है इसे अभी और बुलन्दियाँ छूनी हैं।

और वह युवा गीतकार है–डॉ. विष्णु सक्सेना। सरकारी नौकरी छोड़कर अब अपने कस्बा सिकन्दरा राऊ में ही 'दयाल क्लीनिक' खोलकर असाध्य रोगियों का उपचार करते हैं; कवि-सम्मेलनीय व्यस्तताओं से जो भी छूट मिलती है उसे अपने रोगियों के नाम बाँट देते हैं। मूलतः विज्ञान के विद्यार्थी होते हुए भी डॉ. विष्णु अत्यन्त सहृदय, भावुक और संवेदनशील युवा हैं; उनका यह रूप उनके गीतों में स्पष्ट झलकता है।

मुझे प्रसन्नता है कि उनकी गीतात्मक यात्रा का प्रथम स्मरणीय संकलन 'मधुबन मिले न मिले' शीर्षक से प्रकाशित हो रहा है। इस संकलन से गुज़रते हुए इन्हीं गीतों को मंच पर उनके स्वर से सुनते हुए मैंने गीतात्मक आस्वाद में कई धरातल एक साथ लिये हैं।

डॉ. विष्णु सक्सेना के ये गीत भले ही गीत की दस्तकारी या कशीदाकारी करने वाले रेशमी गीतकारों को खलें या फिर गीत में खुरदरी भाषा के आग्रही नवगीतकारों की दृष्टि में घोर पारम्परिक लगें, लेकिन इन गीतों का प्राण-विषय - प्रेम और इन गीतों की गेयता इन्हें न कभी बासी होने देगी और न कभी 'आउटडेटिड'। अब तो जनवादी रचनाकार भी प्रेम कविताओं की ओर दौड़ने लगे हैं। दौड़ें भी क्यों न यह तथ्य जगज़ाहिर हो चुका है कि हमने साहित्य के माध्यम से आज़ादी के बाद आदमी के जिस्म को तो रूपायित किया लेकिन उसकी रूहानी भूख से हम बिलकुल बेख़बर बने रहे। पेट की भूख एक ज़रूरी सच है, लेकिन उससे भी बड़ी भूख मन की होती है, इस तथ्य से आँखें चुराना ही हमारी 'प्रगतिशीलता' बन गयी। फलतः आज आतंक, हिंसा, लूट, बलात्कार, दंगे जैसे रोग मानवता का शरीर खोखला करने में लगे हुए हैं। इन तमाम रोगों की एक ही दवा है–प्रेम। प्रेम, जो आदमी की रागात्मक संवेदना की कुञ्जी है। प्रेम जो पारमात्मिक व्यवस्था है, उससे दूर रहकर जीना परमात्मा की व्यवस्था से विद्रोह करना है। इस स्थिति को आत्महत्या जैसी कुप्रवृत्ति से कम नहीं आँका जाना चाहिए।

फ्रॉयड, एडलर और युंग जैसे मनोविश्लेषण शास्त्रियों ने स्त्री-पुरुष के

यौनाकर्षण को ही घुमा-फिराकर मानव-प्रगति का उत्स माना है। फिर यह आकर्षण देह से उठकर मन के द्वार तक पहुँच जाये तो कहना ही क्या। डॉ. विष्णु सक्सेना के गीत देह-गंध से प्रवाहित होकर मन के गमले में सदाबहार पौधों की तरह खिलने के लिये आतुर दिखते हैं।

डॉ. सक्सेना के गीतों में सौन्दर्य की चेतना जीवन के मधुर-तिक्त अनुभवों, वैयक्तिक और सामाजिक वर्जनाओं, विसंगतियों, अहम् की दर्पोक्तियों, प्रणय के हर्ष-विषादाकुल सहज प्रसंगों, स्वतः प्रेरित और प्रवर्तित संवेगों-स्वरों में मुखरित हुई है। उदाहरणार्थ कुछ गीतांश द्रष्टव्य हैं–

उँगलियाँ उँगलियों से ज़रा छू तो लो,
देखना सारे तूफान थम जायेंगे,
ज़िन्दगी की खुशी यूँ ही मिल जायेगी,
मौत के साथ अरमान कम जायेंगे।

* * *

जो भी कहना हो कह दीजिए बेहिचक,
उँगलियों से न यूँ उँगलियाँ मोड़िये।

* * *

तुम उफनती हुई–सी नदी लग रहीं,
आओ अपना समन्दर बना लो मुझे,
मैं गये वक्त-सा हूँ न फिर आऊँगा,
मुड़के आवाज़ देकर बुला लो मुझे।

डॉ. विष्णु सक्सेना के गीतों की सबसे बड़ी ईमानदारी यह है कि इनमें गीतकार की यौवन और प्रेम की आकाक्षाएँ किसी तात्विक चिन्तन अथवा नैतिक अवगुण्ठन में छिपकर उपस्थित नहीं हुईं, इसके समर्थन में एक ही उदाहरण काफी होगा–

कितना मिलता था सुख कुछ सिखाते समय,
काट लेते थे आपस में हम उँगलियाँ,
पहले लिखते थे, करते थे फिर रेत पर,
एक-दूजे के नामों से अठखेलियाँ।

डॉ. सक्सेना के वियोग–गीत उनके हृदय की भोगी हुई वेदनाओं के

परिचायक हैं। उन्होंने वियोग के क्षणों को अतीत की स्मृति, वर्तमान की व्यथा और भविष्य की आशंका के मूल बिन्दुओं के साथ प्रस्तुत किया है... उदाहरण दृष्टव्य हैं–

(अ) अतीत की स्मृति–

आप कहते थे एक पल भी खोना नहीं,
घेर लें ग़म तो पलकें भिगोना नहीं,
बस यही सोचकर हँस रहे हैं, मगर,
हर चमकती हुई चीज़ सोना नहीं।

(ब) वर्तमान की कसक–

ज़िन्दगी आज भी ग़म की तस्वीर है,
वक़्त से भी बड़ी अब तो तकदीर है,
मंज़िलों की तरह दूर ही दूर हो,
पास आने की कोई न तदबीर है।

(स) भविष्य की आशंका–

आओ एक बार फिर से तुम्हें देख लूँ,
क्या पता फिर ये दरपन मिले ना मिले,
पास आ तन की गंधों को दे दो मुझे,
क्या पता फिर ये चंदन मिले ना मिले।

वियोग के अतिरिक्त संयोग के बहुआयामी चित्र विष्णु सक्सेना के गीतों में सर्वसंवेद्य बनकर उभरे हैं- यथा–

सीप मैं चूम लूँ,
शंख तुम चूम लो,
क्या पता फिर ये चुम्बन मिले ना मिले।
* * *
एक मुद्दत हुई एक तितली छुई,
रंग उँगली का तब से छुटा ही नहीं,
जाने कितने बग़ीचों में घूमा हूँ पर,
मन निगोड़ा कहीं भी टिका ही नहीं।

विष्णु के गीतों का कैनवॉस यद्यपि मांसल सौन्दर्य, प्रेमिल प्रसंगों और अतीत की स्मृतियों के चटख रंगों से ही ज्यादा संयोजित है, फिर भी इन गीतों में जगह-जगह गीतकार का जीवन-दर्शन और सीधे-सादे मानवीय अनुभवों के रंग भी झलकते दिखायी दे सकते हैं।

विष्णु के गीतों का शिल्प–पक्ष इन गीतों के अनुभूति-पक्ष जैसा ही सरल और सहज है। प्रेम और श्रृंगार को यथार्थ के धरातल पर चित्रित करने के लिये गीतकार ने यथार्थ को उद्घाटित करने वाली सहज, सम्प्रेषणीय और उदार भाषा का प्रयोग किया है। इन गीतों की भाषा में उर्दू के प्रचलित शब्दों की भरमार है... यथा–अरमान, मानिंद, तूफ़ान, तन्हाई, हक़ीक़त, ख़्वाब, आवाज, क़सम, वफ़ा, दास्ताँ आदि। भाषा को सहज बनाने के उद्देश्य से कहीं-कहीं आम बोलचाल के शब्द भी प्रयुक्त हुए हैं यथा–झूठ-मूठ, आस, हियरा, पन्ना आदि। उर्दू शब्दों के व्यवहार को भी इन हिन्दी गीतों में अपनाया गया है- यथा 'न' को 'ना', क्यों को 'क्यूँ' कर्ण को 'करण' 'लेकर' को 'लेके' आदि। कुछ शब्द–प्रयोग छन्द की विवशता के कारण तोड़े और जोड़े गये हैं। एक गीत में हरसिंगार को 'हारसिंगार' और 'आहूति' को आहुती' के वजन पर रखा गया है। एक स्थल पर 'पाला-सा लग गया है' प्रयोग है, जो चिन्तनीय है। कुछ गीतों में मुहावरों का प्रयोग कर गीतकार ने अपनी भाषा को जीवन्त बनाने की कोशिश की है। ये प्रचलित मुहावरे हैं–कमर झुकना, चुल्लू भर पानी, मुँह में ज़ीरा ज्यों ऊँट के, चलनी में दूहे दूध कोई, ज्यों अपने करम टटोये, काटकर के गला–आदि।

विष्णु के गीतों की प्रतीक-योजना प्रकृति के इर्द-गिर्द ही ज़्यादा रमी है। समन्दर, नदी, झील, सीप, मोती, नाव, मछली, मछेरा, रेत, घटा, बरसात, चातक, स्वाति, मयूर, पतझड़, बसन्त, शरद, पतंगा, लौ, कमल, कुमुदनी, भ्रमर, जुगनू, बिजली, बबूल, नागफनी, बर्फ आदि प्रतीकों में रूमानियत के संस्कार ही विशेष रूप से समाहित हुए हैं।

विष्णु के गीतों की सबसे मोहक विशेषता इन गीतों की बिम्बात्मकता है। कुछ बिम्ब द्रष्टव्य हैं :–

गत्यात्मक बिम्ब–

होश उड़े, मदमाती हिरनी–सी चाल में।

स्पर्श बिम्ब–

आस में बैठकर घास को नोचना,
आँख भर आये तो होंठ को भींचना,
याद आती तो होगी वो बारिश तुम्हें,
अपने आँसू से चेहरा मेरा सींचना।

दृश्य बिम्ब–

उन किताबों को फिर खोलकर देख लो,
तेज़ खुश्बू से कमरा महक जायेगा,
यों चमन को दिखाओ नज़्दीक से,
व्यर्थ में कोई भँवरा बहक जायेगा।

गंध बिम्ब–

उड़ती आती भीनी खुश्बू,
क्या ख़ूब सुहानी लगती है,
जाने-अनजाने जब शाख़ से छू गये,
भर गया ख़ुशबुओं से हमारा बदन।

ध्वनि बिम्ब–

अँगिया चटकी अँगड़ाई में

* * *

उड़े चुनर आकास

* * *

दिल ये धक-धक धड़कने लगा...

विष्णु के गीतों में ध्वन्यात्मक सौन्दर्य, आरोह-अवरोह और मधुर राग-रागनियों के साथ कोमल कान्त पदावली विद्यमान है। इन गीतों में एक जान-सी आ गयी। गीत के ध्रुव, अंतरा आदि का सफल विनियोग इन गीतों में है।

चूँकि यह गीत डॉ. विष्णु सक्सेना ने मंच पर सुनाये हैं और उन्हें सराहा भी

गया है इसलिए इनमें गीतात्मक बंदिश लोक-स्वीकृत ध्वनियों के समक्ष नत-मस्तक होती दिखायी देती है।

डॉ. विष्णु ने अपने गीतों में अलंकारों का प्रयोग किसी भी तरह के चमत्कार- प्रदर्शन के लिये न करते हुए उन्हें भावानुकूल स्थितियों में उतारा है। उपमा, उत्प्रेक्षा, रुपक, यमक और मानवीकरण अलंकार इन गीतों में अत्याधिक स्वाभाविक रूप में आये हैं।

कुल मिलाकर डॉ. विष्णु सक्सेना युवा धड़कनों को गीत की शक्ल में ढालने वाले सिद्ध गीतकार हैं। रोमानी यथार्थ को स्पेशल और गेय बनाने की प्रक्रिया उन्हें ख़ूब आती है। यही कारण है कि वे अपने श्रोताओं द्वारा बार-बार सुने और सराहे जाते हैं।

मुझे विश्वास है डॉ. विष्णु सक्सेना के ये गीत उनके श्रोता संग्रह में इन्हें पढ़कर कण्ठाग्र करेंगे और हिन्दी गीत के रोमानी पक्ष से जुड़े संवेदनशील पाठक इन गीतों में कहीं न कहीं स्वयं को ज़रूर तलाशेंगे।

विष्णु के ये गीत हिन्दी गीतिकाव्य–परम्परा की ओर से स्वीकृत और आदृत हों इस कामना के साथ डॉ. विष्णु सक्सेना से अपेक्षा है कि वे भविष्य में गीत की यात्रा को और अधिक सार्थक आयाम देने की दिशा में अवश्य सक्रिय रहेंगे।

डॉ. उर्मिलेश
रीडर, हिन्दी-विभाग
नेहरू मेमोरियल शिवनारायण दास
स्नातकोत्तर महाविद्यालय, बदायूँ (उ. प्र.)

आत्मिकी

(प्रथम संस्करण की भूमिका)

गीत बहुत कोमल विधा है इसलिए इसके साथ मेरे द्वारा किये गये सभी दुर्व्यवहारों की क्षमायाचना करते हुए 'मधुबन मिले न मिले' नामक प्रथम प्रयास आपके हाथों सौंपते हुए मुझे अत्यन्त संकोच भी हो रहा है और प्रसन्नता भी; क्योंकि मैं उन भाग्यशाली व्यक्तियों में से हूँ जिनकी ईश्वर हर इच्छा पूरी कर देता है... बस सावधानी यही रखता हूँ कि ईश्वर से मर्यादाओं में रहकर याचना करूँ।

बहुत दिनों से सोच रहा था कि एक गीत-संकलन निकालूँ, लेकिन स्वयं को इस दुष्कर कार्य के लिये अक्षम ही समझता रहा। जब काव्यमंचों पर जाते-जाते मेरे स्नेही श्रोताओं तथा अग्रजों ने उलाहना, प्रेरणा तथा आत्मिक सम्बल दिया तो मुझे भी अपने अन्दर एक गलत धारणा पालनी पड़ी कि मैं भी कविता कर लेता हूँ... फिर क्या था, बिना कोई जल्दी किये बड़ी सावधानी से इस कँटीले रास्ते पर चल तो दिया हूँ; कहीं पैर लहूलुहान न हो जायें इसी बात का भय है।

'मधुबन मिले न मिले' प्रथम गीत-संकलन मैं अपने दादा स्वर्गीय सुकवि श्री चन्द्रभान 'शशिरवि' के चरणों में समर्पित करता हूँ, जिन्होंने बचपन में ही मेरे अवचेतन मन में कविताओं की रेखाओं को विकसित कर दिया था। पूज्य दादाजी स्वयं जिकड़ी भजनों के समर्थ कवि थे। लोकगीत व ग़ज़लें लिखना उनके प्रिय शौक रहे। चूँकि वह आरम्भ से ही धार्मिक प्रवृत्ति के रहे इसलिए उनकी रचनाओं

में भक्ति-रस का प्रादुर्भाव प्रचुर मात्रा में रहा। दूरदराज़ से कभी उनके मित्रों के पत्र आया करते थे तो वे पत्रोत्तर भी कविता के माध्यम से ही देते थे। जब मैं लगभग आठ-नौ वर्ष का था तब उन पत्रों को वे मुझसे ही साफ-साफ लिखवाया करते। उन्हीं के निर्देशन में मैंने भी टूटी-फूटी भाषा में कृष्ण और राधा के प्रसंगों को लेकर भजन लिखना शुरू कर दिया। गलतियाँ तो स्वाभाविक ही थीं फिर भी वे उन्हें बड़े प्यार से समझाकर सुधरवाते। आज इस संकलन के प्रकाशन से उनके नेत्र संतृप्ति के आभास से अवश्य ही सजल हो रहे होंगे।

मैं अपने गुरुतुल्य बड़े भाई श्री दीनदयाल सक्सेना का सदैव ऋणी रहूँगा जिन्होंने मुझे कविता और संगीत के आरोह-अवरोह का बारीकी से ज्ञान कराया।

सिकन्दराराऊ की शिक्षा समाप्ति के बाद 1976 में मुझे चिकित्सकीय अध्ययन (बी.ए.एम.एस.) के लिये उदयपुर (राजस्थान) जाना पड़ा। वहाँ की मनमोहक वादियों और तरोताज़ा वातावरण ने मेरे कोमल मन पर अपना भरपूर प्रभाव डाला। वहाँ के आकाशवाणी ने मेरा प्रथम बार में ही चयन कर लिया, समय-समय पर मेरे फीचर, नाटक तथा कविताएँ प्रसारित होती रहीं जिन्हें सुनकर मेरे महाविद्यालय के तत्कालीन प्राचार्य श्री नरहरि शास्त्री, प्रोफेसर श्री बी.एस. पालीवाल, डॉ. शम्भू शंकर पण्डया, डॉ. मन्त्रालाल शर्मा, डॉ. प्रेमचन्द शर्मा, डा. महेश चन्द शर्मा, डॉ. भँवरलाल शर्मा, डा. राज्यवर्द्धन सिंह राय तथा डा. (श्रीमती) अजीत जैन ने मुझे बहुत प्रोत्साहन दिया। इनके अतिरिक्त मुझे मेरे सहपाठियों में श्री शशिकान्त गर्ग, श्री दीपक कुमार शर्मा, श्री उपेन्द्र कुमार वार्ष्णेय, श्री अर्जुन सिंह चूड़ावत... (भीलवाड़ा), डा. रजनीश कुमार (बिजनौर) अशोक सक्सेना तथा कुछ विशेष साथियों की प्रशंसाओं का भरपूर सहयोग रहा, जिनके स्नेह के कारण मेरे अन्दर का आत्मविश्वास रूप चन्द्रमा का आभामण्डल और अधिक दृढ़ होता रहा।

उदयपुर से 80 कि.मी. दूर ऋषभदेव (जहाँ जैनियों के प्रथम तीर्थंकर हुए) वहाँ मेरे आदरणीय मामाजी एवं मामीजी (श्री इन्द्रकिशोर–श्रीमती रमा सक्सेना) ने मुझे अध्ययन के दौरान अभिभावक तुल्य स्नेह दिया। उन्हीं के प्रयासों से अनायास ही एक बागड़ी गीतकार उपेन्द्र अणु से भेंट हुई। उस व्यक्तित्व ने मुझे बहुत अधिक प्रभावित किया। मेरी कविता के प्रति आसक्ति देखकर वह मुझे प्रथम बार (1983) अपने साथ बिना संयोजक की अनुज्ञा के परतापुर (बाँसवाड़ा) कवि-सम्मेलन में ले गये। ईश-कृपा और बड़ों के आशीष से मेरी

प्रस्तुति पूरे कवि-सम्मेलन पर छा गयी तो संयोजक ने खुश होकर मुझे 25 रुपये पारिश्रमिक के दिये... वो निधि आज भी मेरे पास सुरक्षित है। उस दिन के बाद आज तक मुझे पीछे मुड़कर नहीं देखना पड़ा।

लगभग तीन वर्ष बाद निम्बाहेड़ा (चित्तौड़गढ़) कवि-सम्मेलन में मेरा उर्मिलेश जी से सम्पर्क हुआ। उन्होंने प्रभावित होकर उ.प्र., म.प्र., गुजरात में परिचय कराकर मुझे मेरी स्थिति में अवगत कराया। सूरत के एक कवि-सम्मेलन में डा. उर्मिलेश जी ने साहित्य श्रीकांत श्री रामरिख मनहर जी से मुझे मिलाया, जिनका स्नेह मुझे आज तक मिल रहा है। श्री बालकवि बैरागी, श्री अशोक चक्रधर, श्री सुरेन्द्र शर्मा, श्री ओमप्रकाश आदित्य, श्री माधवदरक, श्री हरीओम पँवार, श्री उदय प्रताप सिंह, श्री गोपलादास नीरज, श्री भारतभूषण, श्री कुँवर बेचैन, श्री आत्मप्रकाश शुक्ल, श्री शिवओम अम्बर, श्री सोम ठाकुर, श्री सत्य नरायन सत्तन, श्री गोविन्द व्यास आदि अन्य सभी अग्रजों जिनके नाम उल्लिखित करने में स्थान कम पड़ जायेगा, उन सभी के स्नेहाशीष मेरे अन्दर निरन्तर स्फूर्ति का संचार करते रहे हैं।

मेरे नगर के श्रद्धेय कृष्णकांत देव गर्ग, श्री बृजेश यादव, एवं श्री सुभाष राठी, जिन्होंने समय-समय पर मुझे कविता के विषयों की जानकारी दी, उनको भी 'मधुबन मिले न मिले' सादर प्रणाम करता है... साथ ही मेरे स्वजनों में श्री राधेश्याम गुरु, सुरेन्द्र दुबे, नरेन्द्र गरल, प्रकाश नागोरी, सुरेन्द्र सुकुमार, नीरजपुरी, किरण जोशी, विकट, डॉ. कैलाश जैन, के.यू. खान, लालता प्रसाद उपाध्याय, अनूप श्रीवास्तव, सर्वेश अस्थाना, डॉ. राकेश सक्सेना, डॉ. राकेश मधुकर, किशन सचदेवा, बलबीर पौरुष, देवेन्द्र दीक्षित शूल, विमल उपाध्याय, योगेश पण्डित, नरेन्द्र दीक्षित, सुरेश आर्या, नरेश प्रताप, युवराज सिंह, रघुवंश सहाय, नरेन्द्र शर्मा, प्रेम प्रकाश जौहरी, अरुण जेमिनी संतोष, सैयद वकील अहमद, पद्म माहेश्वरी, अजीत सक्सेना, श्री अनोखेलाल जी, डॉ. अरविंद सारस्वत, डॉ. एस.के. झा, डॉ. चन्द्रप्रकाश, डॉ. राजेन्द्र वार्ष्णेय, डॉ. संत, डॉ. लक्ष्मणदास पंजाबी तथा देश के उन तमाम श्रोताओं का आभारी हूँ जिन्होंने मुझे 'मधुबन मिले न मिले' के प्रकाशन के लिये अग्रिम शुभकामना दी।

मुझे अपने परिवार में सबसे छोटे होने का सर्वाधिक स्नेह-लाभ जिनसे मिला है वह हैं भैया-भाभी, श्री शिवदयाल-मंजू, दीदी-जीजाजी श्रीमती तारा-उमेश चन्द, श्रीमती रमा-प्रेमचन्द एवं स्वर्गीय बीना सक्सेना... इन सभी ने मेरी

प्रेम कविताएँ सुन-सुनकर प्रोत्साहन के साथ-साथ चिढ़ाने के दायित्व को भी मनोयोग से पूर्ण किया।

अपने नगर की मिट्टी जहाँ मैं पलकर बड़ा हुआ हूँ; अपनी माँ श्रीमती सरला सक्सेना तथा पिता श्री नारायण प्रकाश सक्सेना का आजीवन ऋणी रहूँगा जिन्होंने मुझे इस जन्म में अपना पुत्र होने का गौरव दिया है।

इन सबसे अधिक मैं अपनी सहधर्मिणी वन्दना सक्सेना एवं पुत्र सारांश-चित्रांश का हृदय से आभारी हूँ जिन्होंने अपने साथ बिताये जाने वाले क्षणों में कटौती होते हुए भी अपने चेहरे पर कभी ऐसे भाव नहीं आने दिये जो मुझे 'मधुबन मिले न मिले' पूर्ण करने में बाधक बनते।

मेरे साथ सबसे बड़ी धनात्मक बात यही हुई कि मुझे आज तक जो भी मिला सभी ने अपना भरपूर स्नेह-दुलार दिया, इसलिए तिरस्कार का कष्ट कैसा होता है इससे मैं अभी तक अनभिज्ञ हूँ। देश के प्रख्यात ओजकवि डॉ. उर्मिलेश ने जो कि मेरी कविता-यात्रा के साक्षी एवं प्रणेता भी रहे हैं इस तुच्छ से गीत-संग्रह की समीक्षा लिखकर जो मुझे गौरव दिया है उसके प्रति मैं उनका आभार व्यक्त करता हूँ। पूर्व सांसद तथा ओज के वरिष्ठ रचनाकार श्री बालकवि बैरागी जो मुझे अत्यधिक स्नेह भी करते हैं, उन्होंने मुझे और 'मधुबन मिले न मिले' को जो आशीर्वचन दिये हैं उनके प्रति मैं कृतज्ञ हूँ। वरिष्ठतम् गीतकार पद्म श्री–श्री गोपालदास नीरज के स्नेहिल साधुवाद के शब्द इस संकलन पर एक असीम कृपा हैं।

संताक्रुज (पश्चिम) मुम्बई निवासी श्री जसराज गोयल का असीम स्नेह मैं कभी नहीं भूल सकता जिन्होंने मेरे इस गीत-संकलन के प्रकाशन के सहयोग के रूप में रोटरी क्लब ऑफ बम्बई नार्थ आइसलैण्ड के माध्यम से आर्थिक सहायता प्रदान कर प्रकाशन जैसे दुष्कर कार्य को सहज और सरल बनाकर मेरे कंधों का बोझ कुछ हद तक कम कर दिया; हिन्दी के प्रति उनके इस अनुराग को मैं प्रणाम करता हूँ।

अन्त में सभी स्वजनों से जिनका नाम मैं स्थानाभाव के कारण यहाँ उल्लिखित नहीं कर पाया हूँ, क्षमा माँगता हूँ तथा सभी श्रद्धेय पाठकों से अनुरोध करता हूँ कि मेरी तरह मेरे इस प्रथम संकलन को भी अपना स्नेह, दुलार दें

जिससे मैं भविष्य के प्रति आशंकित न रहूँ।

साभार

(डा. विष्णु सक्सेना)
दयाल क्लीनिक
पुरानी तहसील रोड
सिकन्दराराऊ,   जनपद–महामाया नगर
(उ.प्र.) 204215

द्वितीय संस्करण के लिये

गीत-संग्रह 'मधुबन मिले न मिले' के प्रथम संस्करण को मिले असीम स्नेह के लिये मेरे तमाम गीत प्रिय पाठकों को बहुत-बहुत धन्यवाद। कम उम्र में कम अनुभव के साथ प्रकाशित इस गीत-संग्रह के प्रथम संस्करण में बहुत सारी त्रुटियाँ रह गयीं थीं जो समय-समय पर बहुत खटकती थीं। उन सभी कमियों को दूर करने का प्रयास इस द्वितीय संस्करण में अंजुमन प्रकाशन, इलाहाबाद द्वारा किया गया है। प्रिय वीनस केसरी ने बहुत ही उदारता का परिचय देते हुए अपने सभी पूर्वग्रहों को एक तरफ रखकर मेरे इस गीत-संग्रह का द्वितीय संस्करण प्रकाशित करने का संकल्प लिया।

देश-विदेश में फैले मेरे समस्त प्रशंसकों और पाठकों से अनुरोध है कि उनका जैसा स्नेह पुस्तक के पहले संस्करण पर रहा, वैसा ही स्नेह यथावत रखें। मेरे पाठकों को शिकायत रहती है कि मेरी किताबें बाजार में उपलब्ध नहीं हो पातीं अतः आशा है कि अब उनकी यह शिकायत दूर होगी। अंजुमन प्रकाशन के पास खुली बिक्री के साथ-साथ ई-मार्केटिंग की उत्तम व्यवस्था है अतः विश्वास है कि अब पुस्तक इण्टरनेट बिक्री द्वारा सर्व सुलभ हो सकेगी।

अंजुमन प्रकाशन को पुनः धन्यवाद और आप सभी को शुभकामना के साथ...

आपका

(डा. विष्णु सक्सेना)

तृतीय संस्करण के लिये

ये बात लग रही नई मगर पुरानी है,
हमारी आपकी सभी की ये कहानी है,
जो हम न पा सके वो गलतियां हमारी थीं
जो हमने पाया लिया वो रब की मेहरबानी है,

मेरे जीवन में जितनी भी उपलब्धियाँ हैं उन पर प्रभु की कृपा का अंश सर्वाधिक है। इसलिए मैं किसी भ्रम में नहीं रहता। आने वाले हर नए दिन में जो भी कुछ घटित होता हैं वह सब पूर्व निर्धारित होता है ऐसा मेरा मानना है।

मैंने कभी कल्पना भी नहीं की थी कि जो कुछ भी मैं लिख रहा हूँ वह कभी किताब के रूप में प्रकाशित भी हो पायेगा। अगर किताब प्रकाशित हो भी गयी तो क्या वह इतनी पसंद की जाएगी कि उसकी प्रतियाँ जल्दी ही बिक जाएँ और दूसरा संस्करण छापना पड़े और दूसरा भी इतनी जल्दी खत्म हो जाये कि तीसरा संस्करण निकालने की नौबत आ जाये। ये सब क्या है, रब की मेहरबानी ही तो है।

आज मेरी पहली पुस्तक 'मधुबन मिले न मिले' का तीसरा संस्करण आपके हाथों में है। इस पुस्तक में मेरी काव्य-यात्रा के आरम्भिक क्षणों के गीतों का समावेश है। मेरे इन अल्हड़ और अपरिपक्व गीतों को भी जो आपने मान और सम्मान दिया है उसके प्रति मैं कृतज्ञ हूँ। मेरे इस सामान्य से श्रम को अंजुमन प्रकाशन ने अपने कला कौशल से विशेष बनाकर पहले दूसरा और फिर ये तीसरा संस्करण प्रकाशित कर जो आप सब तक पहुँचाने का पुनीत कार्य किया है उसके प्रति मैं उनका आभारी हूँ। समस्त गीतों को नए कलेवर में ढालने और कवर पेज

की सुंदर साज-सज्जा, सब कुछ मेरे अनुकूल बनाने का उनका यह कार्य अत्यंत प्रशंसनीय है।

मैं मेरे तमाम पाठक, शुभ चिंतक, प्रशंसक एवं श्रोता समूह से अनुरोध करूँगा कि भविष्य में भी इसी प्रकार अपने स्नेहाशीष के झरने से मुझे स्नेहासिक्त करते रहेंगे।

धन्यवाद।

साभार।

(डा. विष्णु सक्सेना)
गाज़ियाबाद (उ.प्र.)
मोबाइल-9412277268, 7017823400

संकेतिका

मैंने काट दिये दिन

पतझड़ के बाद ज्यों आस हो बहार की,
टीस भरी घड़ियाँ लिये इन्तज़ार की,
मैंने काट दिये दिन,
दिन उँगलियों पे गिन।

आये जब मावस में टुकड़े बन चाँद के,
साड़ी के कोने में कस्तूरी बाँध के,
होश उड़े मदमाती हिरनी-सी चाल में,
मछुआरा उलझ गया अपने ही जाल में।

हाथ नहीं आयी पर डाली कचनार की।
टीस भरी घड़ियाँ लिये इन्तजार की।

कितनी शीतलता थी तेरे उस रूप में,
गर्मी का मौसम और बैठ गये धूप में,
खुशबू भी खोज ली काग़ज़ के फूल में,
छाया भी ढूँढ़ ली सूखे बबूल में।

सिसक रहीं जंगल में खुशियाँ उधार की।
टीस भरी घड़ियाँ लिये इन्तज़ार की।

आँसू भी सूख गये नैनों की कोर से,
कट गिरी न जाने कहाँ एक पतंग डोर से,
नागफनी ताड़ गयी अधरों की बात को,
बंजर भी जान गया दिल के जज़्बात को।

दुल्हन बिन सूनी ज्यों डोली कहार की।
टीस भरी घड़ियाँ लिये इन्तज़ार की।

सागर की प्यास बढ़ी मरुथल निहारकर,
अँगड़ाई काली घटा जुल्फें सँवारकर,
गर्जन ही गर्जन पर बूँद नहीं नीर की,
किसको पड़ी है यहाँ द्रौपदी के चीर की।

विधवा से बात सभी करते श्रृंगार की।
टीस भरी घड़ियाँ लिये इन्तज़ार की।

आशा के दीप जला पूजा के थाल में,
सपनों के सुमन पिरो अपनी जयमाल में,
कैसे हो मिलन अभी प्रीत को नहीं पता,
प्रेम हुआ मौन जैसे मंदिर का देवता।

आरती उतार दी पथरीले प्यार की।
टीस भरी घड़ियाँ लिये इन्तज़ार की।

मोहन मिले ना मिले

आओ एक बार फिर से तुम्हें देख लूँ,
क्या पता फिर ये दरपन मिले ना मिले,
पास आ, तन की गंधों को दे दो मुझे,
क्या पता फिर ये चन्दन मिले ना मिले।

जब मिले तुम तो ऐसा लगा एक पल,
सारी ख़ुशियाँ जहाँ की मुझे मिल गयीं,
जाने कैसी हवा बह चली उस घड़ी,
गिर के सूखी हुई सब कली खिल गयीं।

छू के देखो ज़रा अनछुए फूल को,
क्या पता फिर ये मधुबन मिले ना मिले,
आओ एक बार फिर से तुम्हें देख लूँ,
क्या पता फिर ये दरपन मिले ना मिले।

पोंछकर जिनको दामन भिगोतीं थीं तुम,
है तुम्हें मेरे उन आँसुओं की क़सम,
ढाँपकर छाँव देती थीं जिनसे मुझे,
है तुम्हारे उन्हीं गेसुओं की कसम।

एक झूले पे दो हम चलो झूल लें,
क्या पता फिर ये सावन मिले ना मिले,
आओ एक बार फिर से तुम्हें देख लूँ,
क्या पता फिर ये दरपन मिले ना मिले।

कितना मिलना था सुख कुछ खिलाते समय,
काट लेते थे आपस में हम उँगलियाँ,
पहले लिखते थे करते थे फिर रेत पर,
एक दूज़े के नामों से अटखेलियाँ।

सीप मैं चूम लूँ, शंख तुम चूम लो,
क्या पता फिर ये चुम्बन मिले न मिले,
आओ एक बार फिर से तुम्हें देख लूँ,
क्या पता फिर ये दरपन मिले ना मिले।

मेरी बहकी-सी बातें अगर हैं तो फिर,
भोले नयनों का ढंग क्यूँ शराबी हुआ,
ना ही बरसात है ना ही वर साथ है,
फिर ये चेहरे का रंग क्यूँ गुलाबी हुआ।

लाँघना मत कभी देहरी प्यार में,
चाहे मीरा को मोहन मिले ना मिले,
आओ एक बार फिर से तुम्हें देख लूँ,
क्या पता फिर ये दरपन मिले ना मिले।

झील-सा मेरा मन

थाल पूजा का लेकर चले आइए,
मन्दिरों की बनावट-सा घर है मेरा,
भोर बन देहरी पार कर आइए,
बहुप्रतीक्षित खड़ा दोपहर है मेरा।

दिल की धड़कन के स्वर जब तुम्हारे हुए,
बाँसुरी को चुराने से क्या फ़ायदा,
बिन बुलाये ही हम पास बैठे यहाँ,
फिर ये पायल बजाने से क्या फ़ायदा।

डगमगाते डगों से न नापो डगर,
देखिए बहुत नाज़ुक जिगर है मेरा,
थाल पूजा का लेकर चले आइए,
मन्दिरों की बनावट-सा घर है मेरा।

झील-सा मेरा मन एक हलचल भरी,
नाव जीवन की इसमें बहा दीजिए,
घर के गमलों में जो नागफनियाँ लगीं,
फेंकिए, रातरानी लगा लीजिए।

जुगनुओं! अब दिखा दो मुझे रास्ता,
रात काली है लम्बा सफ़र है मेरा,
थाल पूजा का लेकर चले आइए,
मन्दिरों की बनावट-सा घर है मेरा।

जो भी कहना हो कह दीजिए बेहिचक,
उँगलियों से न यूँ उँगलियाँ मोड़िए,
तुम हो कोमल, सुकोमल तुम्हारा हृदय,
पत्थरों को न यूँ काँच से तोड़िए।

कल थे हम-तुम जो अब हमसफर बन गये,
आइए-आइए घर इधर है मेरा,
थाल-पूजा का लेकर चले आइए,
मन्दिरों की बनावट-सा घर है मेरा।

क़सम तोड़ दें

चाँदनी रात में रंग ले हाथ में,
ज़िन्दगी को नया मोड़ दें,
तुम हमारी क़सम तोड़ दो,
हम तुम्हारी क़सम तोड़ दें।

प्यार की होड़ में दौड़कर देखिए,
झूठे बन्धन सभी तोड़कर देखिए,
श्याम रंग में जो मीरा ने चूनर रँगी,
वो ही चूनर ज़रा ओढ़कर देखिए।

तुम अगर साथ दो, हाथ में हाथ दो,
सारी दुनिया को हम छोड़ दें,
तुम हमारी क़सम तोड़ दो,
हम तुम्हारी क़सम तोड़ दें।

देखिए मस्त कितनी बसन्ती छटा,
रंग से रंग मिल करके बनती घटा,
सिर्फ दो अंक का प्रश्न हल को मिला,
योग करना था तुमने दिया है घटा।

एक हैं अंक हम एक हो अंक तुम,
आओ दोनों को अब जोड़ दें,
तुम हमारी क़सम तोड़ दो,
हम तुम्हारी क़सम तोड़ दें।

स्वप्न आँसू बहाकर न गीला करो,
प्रेम का पाश इतना न ढीला करो,
यूँ ही बढ़ती रहें अपनी नादानियाँ,
हमको छूकर के इतना नशीला करो।

हमको जितना दिखा,
सिर्फ़ तुमको लिखा,
अब ये पन्ना यहीं मोड़ दें,
तुम हमारी क़सम तोड़ दो,
हम तुम्हारी क़सम तोड़ दें।

क्या पुरस्कार दूँ

मेरे घर जन्मदिन जो तुम्हारा मने,
तुमको उपहार में सारे त्योहार दूँ,
रूप से गीत की डाल लूँ भाँवरें,
और इससे बड़ा क्या पुरस्कार दूँ।

चाँदनी में डुबोकर कली की क़लम,
हाथ की सब लकीरें बदल दीजिए,
ख़्वाब के खण्डहरों में बहुत रह चुका,
अब हक़ीकत का कोई महल दीजिए।

अपने नैनों का सावन मुझे दो प्रिये,
मैं तुम्हें प्यार की भीनी बौछार दूँ,
मेरे घर जन्मदिन जो तुम्हारा मने,
तुम को उपहार में सारे त्योहार दूँ।

उन किताबों को फिर खोलकर देख लो,
तेज़ ख़ुशबू से कमरा महक जायेगा,
यूँ चमन को दिखाओ न नज़्दीक से,
व्यर्थ में कोई भँवरा बहक जायेगा।

सौंप दो गर मुझे नेह का व्याकरण,
अपने शब्दों में तुमको अलंकार दूँ,
मेरे घर जन्मदिन जो तुम्हारा मने,
तुमको उपहार में साँरे त्योहार दूँ।

एक मुद्दत हुई एक तितली छुई,
रंग उँगली का तब से छुटा ही नहीं,
जाने कितने बग़ीचों मे घूमा हूँ पर,
मन निगोड़ा कहीं भी टिका ही नहीं।

तुम पराजय का पतझड़ मुझे दान दो,
मैं तुम्हें जीत का ये हरसिंगार दूँ,
मेरे घर जन्मदिन जो तुम्हारा मने,
तुमको उपहार में सारे त्योहार दूँ।

तुम्हें हम भुला न सके

मैंने अनगिन सहेजे थे ख़त प्यार के,
मेरे एक ख़त को भी तुम छुपा न सके,
अपनेपन से कहा-अपने तन से सहा,
अपने मन से तुम्हें हम भुला न सके।

क्यूँ दुपट्टा बिछाकर हरी घास पर,
मेरे सपनों को उसमें लपेटा बता,
एक चटका हुआ आँसुओं का कलश,
काँपते हाथ से क्यूँ समेटा बता।

थपकियाँ देके पहले सुला तो दिया,
जब गये तो मुझे क्यूँ जगा न सके,
मैंने अनगिन सहेजे थे ख़त प्यार के,
मेरे एक ख़त को भी तुम छुपा न सके।

तुमने पलकें उठायी सवेरा हुआ,
नैन मूँदे तो किस्मत मेरी सो गयी,
मुँह छिपाया मगर हाथ थामे रहीं,
आँख एक हँस गयी दूसरी रो गयी।

चाँद भी पास था चाँदनी पास थी,
फिर भी मन की अमावस हटा न सके,
मैंने अनगिन सहेजे थे ख़त प्यार के,
मेरे एक ख़त को भी तुम छुपा न सके।

होंठ निचला दबाओ न तुम दाँत से,
हम तो वैसे ही दब के परेशान हैं,
जितना मुश्किल लगे तुम हमारे लिए,
हम तुम्हारे लिए उतने आसान हैं।

पास सावन भी था मन लुभावन भी था,
फिर भी बाँहों का झूला झुला न सके,
मैंने अनगिन सहेजे थे ख़त प्यार के,
मेरे एक ख़त को भी तुम छुपा न सके।

अपना समन्दर बना लो मुझे

तुम उफनती हुई-सी नदी लग रहीं,
आओ अपना समन्दर बना लो मुझे,
मैं गये वक़्त-सा हूँ न फिर आऊँगा,
मुड़ के आवाज़ देकर बुला लो मुझे।

तुम नयन मूँद अविराम चलते रहे,
जाग करके भी मैं प्रश्नवाचक बना,
जन्म जन्मान्तरों से थीं सम्पन्न तुम,
चीथड़ों में मैं हर जन्म याचक बना।

तुम तो सागर से निकली हुई सीप हो,
उसमें मोती की तरह सँभालो मुझे,
मैं गये वक़्त-सा हूँ न फिर जाऊँगा,
मुड़ के आवाज़ देकर बुला लो मुझे।

पतझड़ों में भी तुम पल्लवित हो गये,
मेरे घर ख़ूब बरसात होती रही,
फिर भी सिसकी सुबह-साँझ गुमसुम हुई,
हिचकियाँ रात ले-ले के रोती रही।

फूल की पँखुरी मध्य पुंकेसरों,
की तरह अपने दिल में बिठा लो मुझे,
मैं गये वक़्त-सा हूँ न फिर जाऊँगा,
मुड़ के आवाज़ देकर बुला लो मुझे।

लिख दूँ तारों की लड़ियों से मैं स्वागतम,
नाम तेरा ही लेकर करूँ आचमन,
इन्द्रधनु नभ से लाकर बिछा दूँ प्रिये,
गर तेरा मेरे घर पर हो शुभ आगमन,

तुम तो पूनम के खिलते हुए चाँद हो,
दाग़-सा ही समझकर सजा लो मुझे,
मैं गये वक़्त-सा हूँ न फिर आऊँगा,
मुड़ के आवाज़ देकर बुला लो मुझे।

कल सवेरे ही उठकर करूँगा शुरू,
सारे सपनों का संक्षिप्त-सा संकलन,
तुम ही होगी समीक्षक मेरे प्यार की,
और तुम ही लिखोगी मेरा प्राक्कथन।

भाव बौने न रह जायें इस गीत के,
तुम कथानक समझ के बढ़ा लो मुझे,
मैं गये वक्त-सा हूँ न फिर आऊँगा,
मुड़ के आवाज़ देकर बुलाओ मुझे।

लेती नहीं विराम

इन्तज़ार में सुबह, याद करते कट जाती शाम।
पी की राह निहारे सजनी लेती नहीं विराम।

आस का पंछी करवट ले,
तब ऐसी उठे तरंग,
मन के काग़ज़ पर लिख भेजूँ
इक चिट्ठी बैरंग।

लिखकर कितनी बार मिटाऊँ रेत पे तेरा नाम।
पी की राह निहारे सजनी लेती नहीं विराम।

गुमसुम है हाथों का कंगन,
पायल भी ख़ामोश,
गजरा भी मुरझाया,
बह गया कजरा भी निर्दोष।

अन्तर्मन में मचता रहता है हरदम कोहराम।
पी की राह निहारे सजनी लेती नहीं विराम।

नैन भूल गये नींद,
हृदय ने छोड़ा स्पंदन,
बंधन ढीले पड़े,
अधर भी भूल गये चुम्बन,

अग्निपरीक्षा दे दी फिर भी मिला नहीं परिणाम।
पी की राह निहारे सजनी लेती नहीं विराम।

क्वाँरी माँग सिंदूरी

हथेली पर तुम्हारी आज मैं मेहँदी रचा दूँगा।
क्वाँरी माँग सिन्दूरी सितारों से सजा दूँगा।

गरजते हैं बहुत बादल तुम्हें निर्भीक रहना है,
पहाड़ों की तरह मौसम के हर रेले को सहना है,
हाँ गहरी झील के मानिंद तुम गम्भीर हो जाना,
लगा के शूल सिरहाने नयन को मूँद सो जाना।

तुम्हारी भूमिका होगी कहानी मैं बना दूँगा।
हथेली पर तुम्हारी आज मैं मेहँदी रचा दूँगा।

क़दम रखना वहीं पर तुम जहाँ हों चिह्न पैरों के,
तुम्हीं मतला, तुम्हीं मक़्ता, तुम्हीं मिसरे हो शेरों के,
दिखा दो जग को काग़ज़ पर अलग से हाशिये बनकर,
लो आ जाओ ग़ज़ल में ख़ूबसूरत क़ाफ़िये बनकर।

करो स्वर साधना तुम तो सरस्वती मैं मना लूँगा।
हथेली पर तुम्हारी आज मैं मेहँदी रचा दूँगा।

मेरे सारे जहाँ के दर्द आँचल में छिपा लेना,
मेरी वीरान बगिया में भी मुस्कानें लगा देना,
अगर ढीला रहा जो हाथ पीछे छूट जाऊँगा,
हूँ चटखा काँच हल्की ठेस से ही टूट जाऊँगा।

दीवाली बन के आ जाओ तो होली मैं मना लूँगा।
हथेली पर तुम्हारी आज मैं मेहँदी रचा दूँगा।

डाकिया डाक दे गया

सपनों में अपनों के हाथ दे गया,
मेरी रातों की नींद ले गया,
डाकिया डाक दे गया।

प्रीतम ने पाती में प्यारी पुकार कर,
पूछी है कुशलक्षेम बीती बिसारकर,
मन की मयूरी को तन के पपीहे ने,
छेड़ा है आज सभी सपने सँवारकर।

करवाचौथ, हरियाली तीज दे गया।
मेरी रातों की नींद ले गया।
डाकिया डाक दे गया।

बरगद के तले झूला झूले वो याद है,
सावन में तनमन की सुधि भूले याद है,
रिमझिम फुहारों में खिलती बहारों में,
मैं तो थी दुल्हन तुम दूल्हे, वो याद है।

अंकुर उगाने को बीज दे गया।
मेरी रातों की नींद ले गया।
डाकिया डाक दे गया।

चुपके से द्वारे की साँकलिया खोल के,
आँगन में आ बैठे हियरा टटोल के,
ख़ुद ही झपक गयी नैनों की खिड़की,
अधरों के बीच रखी मिश्री-सी घोल के।

घर की मर्यादित देहलीज़ दे गया।
मेरी रातों की नींद ले गया।
डाकिया डाक दे गया।

आजा तुझे प्यार करूँगा

अधरों पर भावों की लाली लगा दूँ,
नेह के निमंत्रण की बिंदिया सजा दूँ,
शब्दों से माँग भरूँगा–ओ गीतिका,
आजा तुझे प्यार करूँगा।

कल्पित कपोलों पर स्वप्नों की लालिमा,
मंगल के सूत्र में चिर परिचित बालमा,
कुंचक की डोर पर,
आँचल के छोर पर,

अपना अधिकार करूँगा–ओ साँवरी,
आजा तुझे प्यार करूँगा।

पूजा में अर्चन के दीप जब जलाये,
नैन मूँद बैठी तो साजन घिर आये,
प्रीत की अँगूठी-सी,
सच्ची पर झूठी-सी,

कैसे उपकार करूँगा–ओ प्रेयसी,
आजा तुझे प्यार करूँगा।

कँगन और करधन में नेह का नगीना,
विकसित-सी कलिका में सुरभित पसीना,
सच्ची-सी किंवदन्ती,
निर्धन की धनवन्ती,

सौ-सौ मनुहार करूँगा–ओ रूपसी,
आजा तुझे प्यार करूँगा।

पायल के घायल हैं बिछुअन के मारे,
मेहँदी महावर को कैसे पुकारे,
पनघट की गागर-सी,
कविता के सागर-सी,

यौवन का ज्वार सहूँगा–ओ साँवरी,
आजा तुझे प्यार करूँगा।

आप जाने लगे

हम मनाने लगे आप जाने लगे।
पहले बहला दिया अब रुलाने लगे।

दर्द था आपका दिल हमारा भी था,
ज़िंदगी की तरफ एक इशारा भी था,
दिल की कश्ती बचाता कहाँ तक भला,
पास तूफ़ाँ भी था और किनारा भी था।

बीच मझदार में क्यों डुबाने लगे।
हम मनाने लगे आप जाने लगे।

ज़िन्दगी आज भी ग़म की तस्वीर है,
वक़्त से भी बड़ी अब तो तकदीर है,
मंज़िलों की तरह दूर ही दूर हो,
पास आने की कोई न तदबीर है।

ख़्वाब में आप क्यों आने-जाने लगे।
हम मनाने लगे आप जाने लगे।

आप कहते थे एक पल भी खोना नहीं,
घेर लें ग़म तो पलकें भिगोना नहीं,
बस यही सोचकर हँस रहे हैं मगर,
हर चमकती हुई चीज़ सोना नहीं।

आग लग भी न पायी बुझाने लगे।
हम मनाने लगे आप जाने लगे।

ऊंचे महलों से अपना नहीं वास्ता,
झोपड़ी तक ही जाता है अब रास्ता,
कोई सुनता नहीं दर्द की रागिनी,
इसलिए का़ग़ज़ों पर लिखी दास्ताँ।

क्यों कहानी के पन्ने उड़ाने लगे।
हम मनाने लगे आप जाने लगे।

कौन समझा किसी के हृदय की व्यथा,
देव और दैत्य ने जब समुन्दर मथा,
किसने पाया था और कौन हकदार था,
काट करके गला ख़त्म कर दी कथा।

क्या वही फिर कहानी सुनाने लगे।
हम मनाने लगे आप जाने लगे।

कौन बुझाये प्यास?

सखी मोहि पिया मिलन की आस,
तड़पूँ जल के बिना मीन-सी
कौन बुझाये प्यास,
सखी मोहि पिया मिलन की आस।

संग सहेली बात करें जब,
अपने-अपने पी की,
कोई न जाने क्या होती है
हालत मेरे जी की।

पथ देखत पथरा गयीं
अँखिया, हियरा होय उदास,
सखी मोहि पिया मिलन की आस।

टीस उठे रह-रह मन में,
ज्यों काटे कोई ततैया,
सपने में हर रोज़ ये यौवन,
नाचे ता ता थय्या।

बिन पानी कब तक,
जीयेगी ये हरियाली घास,
सखी मोहि पिया मिलन की आस।

आधी रात पपीहा बोले,
मन हो जाये घायल,
जूड़ा-गजरा बिखरा जाये,
खुल-खुल जाये पायल।

अँगिया चटकी अँगड़ाई
में उड़े चुनर आकास,
सखी मोहि पिया मिलन की आस।

कैसे करूँ शृंगार रहूँ मैं,
कैसे बनी-ठनी सी,
दिन बबूल से लगें कँटीले,
रातें नागफनी-सी।

साजन के बिन सजनी
सूनी, कौन बिठाये पास,
सखी मोहि पिया मिलन की आस।

आज एक रत्नावलि ने,
फिर अँसुअन नैन भिगोये,
छलनी में दुह दूध कोई,
ज्यों अपने करम टटोये।

एक बार गये लौटे ना
क्यूँ, बन गये तुलसीदास,
सखी मोहि पिया मिलन की आस।

दिल अपना बिखर गया

दिल अपना बिखर गया दरपन-सा टूट के।
जब से गयी है राह मंजिल से रूठ के।

कोई भी पात्र नहीं अपनी कहानी में,
स्वप्न भी झुका गये कमर इस जवानी में,
सरिता के कूल बहे लहरी आवेश में,
डूबा है शहर सभी चुल्लू भर पानी में।

सुख विलीन हो गया है बुलबुला–सा फूट के।
दिल अपना बिखर गया दरपन-सा टूट के।

जितने बढ़े थे हम उतने ही घट गये,
पानी के धारों से पर्वत भी कट गये,
सहेजा था उपवन को बड़े ही जतन से पर,
वेदना-सुमन सभी सहसा सिमट गये।

उनको लगे हमारे अश्रु झूठमूठ के।
दिल अपना बिखर गया दरपन-सा टूट के।

नज़र नहीं आता है विद्युत-प्रकाश भी,
लगती भयानक अब चींटियों की लाश भी,
दिखलाकर एक झलक सिर्फ एक तारे की,
कर रहा मज़ाक हमसे निष्ठुर आकाश भी।

ये तो मिसाल मुँह में ज़ीरा ज्यों ऊँट के।
दिल अपना बिखर गया दरपन-सा टूट के।

उड़ती आती भीनी ख़ुशबू

उड़ती आती भीनी ख़ुशबू
क्या ख़ूब सुहानी लगती है।
किस फूल की है ये ज्ञात न पर
जानी-पहचानी लगती है।

इस पार थे हम उस पार थे तुम,
लहरों से बातें करते थे,
सुन्दर सपनों के पंख लगा,
परियों के देश में फिरते थे,
क्या ख़ूब उड़ानें भरते थे।

अब बर्फ वफ़ा की बह-बहकर
बेवफ़ा का पानी लगती है।
उड़ती आती भीनी ख़ुशबू,
क्या ख़ूब सुहानी लगती है।

जब-जब आँखों से अश्रु झरे,
तब-तब समझी मैंने बरखा,
इस दहकी-सुलगी सरिता में,
मैंने शीतलता को परखा,
मैं प्यासा हूँ जीवन भर का।

बिन बादल के बरसे पानी,
बेकार कहानी लगती है।
उड़ती आती भीनी ख़ुशबू
क्या ख़ूब सुहानी लगती है।

इस बहती नदिया को देखो,
ये कल-कल करती जाती है,
टूटे मन की वीणा में भी,
ये प्रेम का राग बजाती है,
विरहा के गीत सुनाती है।

यादों के अब सुरताल तो हैं,
पर धुन बेगानी लगती है।
उड़ती आती भीनी ख़ुशबू
क्या ख़ूब सुहानी लगती है।

मेरा क्या है मैं आज यहाँ,
क्या पता कहाँ कल जाऊँगा,
तुम आमंत्रण दो या ना दो,
पर मैं ना तुम्हें भुलाऊँगा,
सपनों में तुम्हें बसाऊँगा।

आबाद करूँ दिल की बस्ती
जो अब वीरानी लगती है।
उड़ती आती भीनी ख़ुशबू,
क्या ख़ूब सुहानी लगती है।

घबराये हुये रहना

देखा नहीं है जाता उनका ये रंग-ढंग,
बेचैन बहुत फिरना, घबराये हुए रहना।

पलकों पे ताज़गी ना होठों पे मुस्कराहट,
अलसाये नयन हैं, ना पहली सी चहचहाहट,
आँसू ही कपोलों का अब बन गया है गहना,

बेचैन बहुत फिरना, घबराये हुए रहना।

घुँघराली लटों को क्यूँ इस तरह बिखेरा,
लगता अँधेरी शब ने हो डस लिया सबेरा,
सुख-देह पर क्यूँ तुमने दुःखावरण है पहना,

बेचैन बहुत फिरना, घबराये हुए रहना।

ना जाने क्या हुआ है इन प्यार के मारों को,
पाला-सा लग गया है इन खिलती बहारों को,
बस धुन में अपनी रहते मानें न कोई कहना,

बेचैन बहुत फिरना, घबराये हुए रहना।

ये मानते हैं काटे कटती नहीं तनहाई,
पर क्या हुआ है ऐसा जो जान पे बन आयी,
लगता नहीं है अच्छा इन आँसुओं का बहना,

बेचैन बहुत फिरना, घबराये हुए रहना।

कितना अजीब प्यार है एक झील से घाटों को,
चुपचाप से सह लेते हैं फूल भी काँटो को,
इनसे ही सीख लें अब कठिनाइयों को सहना,

बेचैन बहुत फिरना घबराये हुए रहना।

जाने कैसे बहकने लगा

तुम अचानक मिले, जब मुझे,
दिल ये धक-धक धड़कने लगा,
दिन जो काटे से कटता न था,
आज यूँ ही सरकने लगा।

आस मे बैठकर घास को नोचना,
आँख भर आयें तो होंठ को भींचना,
याद आती तो होगी वो बारिश तुम्हें,
अपने आँसू से चेहरा मेरा सींचना।

हूक अन्दर दबायी बहुत,
सोचकर मन सुबकने लगा,
तुम अचानक मिले जब मुझे,
दिल ये धक-धक धड़कने लगा।

बिन जलाये ही दीपक सभी जल उठे,
अनखिले जो गिरे फूल वो खिल उठे,
मैंने सोचा सजा दूँ तुम्हें आज पर,
दिल की नदिया में आवाज़ कल-कल उठे।

अब तो चेहरे को चन्दा समझ,
हाथ मेरा लपकने लगा,
तुम अचानक मिले जब मुझे,
दिल ये धक-धक धड़कने लगा।

याद है भोर में राधिका तुम लगीं,
साँझ रुक्मणि-सी आराधिका तुम लगीं,
त्याग कर राग, वैराग्य का रंग चढ़ा
मीराबाई-सी एक साधिका तुम लगी।

हाथ खड़ताल फिर बज उठी,
एक तारा खनकने लगा,
तुम अचानक मिले जब मुझे,
दिल ये धक-धक धड़कने लगा।

वो बबूलों के दिन, ये हैं फूलों के दिन,
सूने सावन थे तब, अब हैं झूलों के दिन,
तब थी मजबूरियाँ जब है बंधन बहुत,
तब थे भूलों के दिन, अब उसूलों के दिन।

मन पे संयम तो रक्खा बहुत,
जाने कैसे बहकने लगा,
तुम अचानक मिले जब मुझे,
दिल ये धक-धक धड़कने लगा।

भूल जाता हूँ मैं

जब भी होते हैं हम आमने-सामने,
कौन-सी आज तिथि भूल जाता हूँ मैं,
बीच पूजा में जबसे निहारा तुझे,
रोज़ तीरथ नया एक नहाता हूँ मैं।

आओ ले लूँ तुम्हें आचमन की तरह,
और ढल जाऊँ मैं आचरण की तरह,
'गीत गोविन्द' और तुम ही 'कामायनी',
तुमको समझूँ किसी उद्धरण की तरह।

सिर को आँचल से ढक जब से शरमाये हो,
रोज ही अपने घर को सजाता हूँ मैं,
जब भी होते हैं हम आमने-सामने,
कौन-सी आज तिथि भूल जाता हूँ मैं।

मेरे हर प्रश्न के तुम समाधान हो,
मेरे व्यक्तित्व की एक पहचान हो,
पूर्व जन्मों के मेरे ही सत्कर्म हो,
मेरे उत्थान और मेरे सम्मान हो।

मेरे जिस गीत को तुमने अच्छा कहा,
संकलन वो सभी को दिखाता हूँ मैं,
जब भी होते हैं हम आमने–सामने,
कौन-सी आज तिथि भूल जाता हूँ मैं।

आओ मेहँदी महावर की शादी करें
उम्र भर साथ रहने का आदी करें,
फूल से पँखुरी अब न होगी अलग,
सारे उद्यान में ये मुनादी करें।

बैठ तन्हाई में याद आये मेरी,
इसलिए रोज़ तुमको सताता हूँ मैं,
जब भी होते हैं हम आमने–सामने,
कौन-सी आज तिथि भूल जाता हूँ मैं।

चलो तो सही

ज़िंदगी की थकन ख़ुद ही मिट जायेगी,
हाथ में हाथ लेकर चलो तो सही,
मैं तो आँसू हूँ पानी से मिल जाऊँगा,
बर्फ-सी ही रहो पर गलो तो सही।

भोर से शाम तक एक मछली फँसे
बैठा रहता मछेरा इसी आस में,
स्वाति ही की घड़ी मेघ बरसे तभी,
चैन देता वही चातकी प्यास में।

है सफल साधना मैं समझ जाऊँगा,
दूर रहकर के फूलो–फलो तो सही,
मैं तो आँसू हूँ पानी से मिल जाऊँगा,
बर्फ-सी ही रहो पर गलो तो सही।

प्रीति अनमोल है लोग कहते यहाँ,
प्रीति का मोल बनती गयीं सिसकियाँ,
भूलना तुमको चाहा मगर क्या करें,
रात भर तंग करती रहीं हिचकियाँ।

तुम दुपहरी बनीं तो झुलस जाऊँगा,
शाम बनकर ज़रा-सा ढलो तो सही,
मैं तो आँसू हूँ पानी से मिल जाऊँगा,
बर्फ-सी ही रहो पर गलो तो सही।

चिह्न तुमने लगाये उन्हें मैं तो क्या,
मेरी बेबस किताबें सहेजे हुए,
एक भी ख़त का उत्तर न आया कभी,
मुद्दतें हो गयीं जिनको भेजे हुए।

    कैसी होती है पीड़ा समझ जाओगी,
    मैं पतंगा हूँ तुम लौ जलो तो सही,
    मैं तो आँसू हूँ पानी से मिल जाऊँगा,
    बर्फ-सी ही रहो पर गलो तो सही।

तीखी नज़रों से यूँ मत तराशो मुझे,
भाव भटका तो मूरत बिगड़ जायेगी,
भावना ध्यान में यदि समायी रही,
एक पत्थर की किस्मत सँवर जायेगी।

    स्वप्न आया है तो सच भी हो जायेगा,
    तुम उनींदी-सी आँखें मलो तो सही,
    मैं तो आँसू हूँ पानी से मिल जाऊँगा,
    बर्फ-सी हो रहो पर गलो तो सही।

लो ये मेहँदी घिसो

तुम ही रूपसि बनीं और बनीं साँवरी,
बावरी जाने कितने ही उपनाम हैं,
बाँध लो अपने आँचल में ऐसे मुझे,
राधिका सँग जैसे बँधे श्याम हैं।

आँख मलने लगी, शाम ढलने लगी,
तट पै यमुना के कुछ पल बितायें चलो,
रेत पर बैठकर उँगलियों से वहाँ,
प्यार का चित्रलेखन बनायें चलो।

तुम ही मुरली मेरी-रासलीला मेरी,
कितने पावन सखे मन के बृजधाम हैं,
बाँध लो अपने आँचल में ऐसे मुझे,
राधिका सँग जैसे बँधे श्याम हैं।

लो ये मेंहँदी घिसो फिर लगाओ इसे,
नेह कितना है मालूम हो जायेगा,
जब उड़ेंगी सुगन्धें हथेली से तब,
मन भ्रमर भी कमल बीच सो जायेगा।

तब मुझे देखना मूँदकर आँख तुम,
शांत हो जायेंगे मन के कोहराम हैं,
बाँध लो अपने आँचल में ऐसे मुझे,
राधिका सँग जैसे बँधे श्याम हैं।

उँगलियाँ, उँगलियों से ज़रा छू तो लो,
देखना सारे तूफ़ान थम जायेंगे,
ज़िंदगी की ख़ुशी यूँ ही मिल जायेगी,
मौत के साथ अरमान कम जायेंगे।

हाथ की ये लकीरें पढ़ो तो सही,
ज़िन्दगी के छिपे इनमें परिणाम हैं,
बाँध लो अपने आँचल में ऐसे मुझे,
राधिका सँग जैसे बँधे श्याम हैं।

मुस्कुराओ ज़रा

आज फिर एक जनम मेरा होगा सफल,
पलकें नीचे गिरा मुस्कराओ ज़रा।

कौन आया नहीं रूप के जाल में,
जब लबालब भरे हों कमल ताल में,
और प्रतीक्षा में हम दो किनारे बनें,
डूब जाये अहम् क्यों न हर हाल में।

प्रीत ही सत्य है कुछ न खोटा-खरा।
पलकें नीचे गिरा मुस्कराओ ज़रा।

इंद्रधनुषी चुनरिया को तुम ओढ़ लो,
नेह की राह मेरी तरफ मोड़ लो,
प्रेम की हर परीक्षा में होंगे सफल,
अंक मेरे भी अपनी तरफ जोड़ लो।

है युगों से अडिग ये गगन ये धरा।
पलकें नीचे गिरा मुस्कुराओ जरा।

वाक्य में तुम समायी क्रिया की तरह।
मेरे जीवन में आयी प्रिया की तरह।
प्रेम के पंथ की पूज्य राधा बनीं।
बहुप्रतीक्षित रहीं तुम सिया की तरह।

उर्वशी-सी हो तुम उर-बसी अप्सरा।
पलकें नीचे गिरा मुस्कराओ ज़रा।

क्यों चपल चित्त चितवन में अनुरोध है,
मूक वाणी है या कोई अवरोध है,
या कि फिर रूप की गर्विणी बन गयी,
या हृदय का हृदय से भी प्रतिशोध हैं।

डर है ये ज़ख्म फिर हो न जाये हरा।
पलकें नीचे गिरा मुस्कराओ ज़रा।

छंद सँवर जायेंगे

जब डालोगी तुम सिर पर अपना आँचल,
मेरे गीतों के छन्द सँवर जायेंगे,
तुम बिखरी ज़ुल्फ़ें उँगली डाल सँवारो,
थमते पानी में उमड़ भँवर आयेंगे।

हों भले प्यार की ऊँची ये मीनारें,
पर तुम ही उनकी शुभ आधार शिला हो,
जब एकाकार हुए तब ऐसा लगता,
ज्यों दूर धरा पर जाकर गगन मिला हो।

तुम झरने के नीचे जा चरन भिगोओ,
कुन्दन से मेरे भाव निखर आयेंगे,
जब डालोगी तुम सिर पर अपना आँचल,
मेरे गीतों के छन्द सँवर जायेंगे।

जब बोलों की मिश्री कानों में घोली,
तो लगे गूँजने सरगम के स्वर मन में,
होली-दीवाली संग बुलायी तुमने,
रंगोली ऐसी रच दी मेरे तन में।

तुम आँजो इन सूनी आँखों में काजल,
मेरे पथ के सब शूल बुहर जायेंगे,
जब डालोगी तुम सिर पर अपना आँचल,
मेरे गीतों के छन्द सँवर जायेंगे।

तुमने गरदन झटकाकर केश बिखेरे,
तब नभ में बादल आये घुमड़-घुमड़कर,
उँगली में उँगली फँसा जो ली अँगड़ाई,
तरुणाई जैसे आयी उमड़-उमड़कर।

तुम चुपके-चुपके अपलक मुझे निहारो,
प्रेमाक्षर दृग में और उभर आयेंगे,
जब डालोगी तुम सिर पर अपना आँचल,
मेरे गीतों के छन्द सँवर जायेंगे।

मेरी पूरनमासी बन जाये

थोड़ी-सी ख़ुशी उधार लिये मैं आया सागर पार प्रिये,
पनघट से प्यासा लौटा हूँ–बस हँसता हुआ मुखौटा हूँ,
तू निर्मल काशी बन जाये,
मेरी पूरनमासी मन जाये।

जब दुःख के सौ-सौ जाम पिये,
सारे सुख तेरे नाम किये,
इस मन को शांति न मिल पायी,
कितने ही तीरथ धाम किये,

विष में बंशीवाला घुलता
यदि तू मीरा-सी बन जाये,
मेरी पूरनमासी मन जाये।

साँसों में चन्दन खो जाये,
तब मन नन्दवन हो जाये,
तेरे स्पर्श मात्र से प्रिय,
ये माटी कंचन हो जाये।

मैं स्वाति बूँद बन जाऊँगा
यदि तू चिर प्यासी बन जाये।
मेरी पूरनमासी मन जाये।

तू संज्ञा थी मैं सर्वनाम,
तू चिरप्रभात मैं ढली शाम,
मैं अंधकार में भटक रहा,
तुझको सूरज करता प्रमाण।

कंकर शंकर में परिणत हो
यदि तू गौरा-सी बन जाये।
मेरी पूरनमासी मन जाये।

मन का हर साज बजाऊँ मैं,
कविता-सी तुझे सजाऊँ मैं,
ओ मेरे गीतों की देवी,
तुझको सौ-बार मनाऊँ मैं।

स्वर में हर ताल समर्पित
यदि तू भीमपलासी बन जाये।
मेरी पूरनमासी मन जाये।

मै दीन नहीं दुखियारा हूँ,
एक टूटा हुआ सितारा हूँ,
जीवन की मंजिल दूर-दूर,
मैं थका नहीं पर हारा हूँ।

क्यों दर-दर मुझको भटकाये,
क्या मन संन्यासी बन जाये।
मेरी पूरनमासी मन जाये।

कभी हम खो गये

कभी हम खो गये, कभी तुम खो गये।
दास्ताँ कहते-सुनते ही हम सो गये।

नील नभ को सजाया तुम्हारे लिए,
इन्द्रधनु माँग लाया तुम्हारे लिए,
भूल जाओ तिमिर में न तुम राह को,
नेह दीपक जलाया तुम्हारे लिए।

रोशनी में मगर तुम तो गुम हो गये।
कभी हम खो गये–कभी तुम खो गये।

सबने देखा है सूरज निकलते हुए,
शाम के वक्त चुपचाप ढलते हुए,
रूप का गर्व है आपको किसलिए,
क्या न देखा कभी हिम पिघलते हुए।

फूल की चाह थी शूल क्यों बो गये।
कभी हम खो गये कभी तुम खो गये।

राज़ की बात होठों पर ही थम गयी,
ओस की बूँद ज्यों पात पर जम गयी,
दिन निकलने लगा ओस गलने लगी,
फूल की आँख को और कर नम गयी।

डुबकियाँ हमने ली पार तुम हो गये।
कभी हम खो गये कभी तुम खो गये।

हमने देखे हैं पत्थर पिघलते हुए,
शीत जल में से शोले निकलते हुए,
तुम न बदलोगी ये कैसे विश्वास हो,
हमने देखे हैं मौसम बदलते हुए।

सिसकियाँ तुमने लीं और हम रो गये।
कभी हम खो गये कभी तुम खो गये।

अब तो आँसू हम

अब तो आँसू हैं हम आपकी आँख के,
भूलकर भी कभी आप रोना नहीं,
जब से आये यहाँ छाँव ही छाँव है,
कैसे सूखेगा आँचल भिगोना नहीं।

मुस्कराहट के पन्ने पलट दो जरा,
बाँच लूँगा सभी प्यार की पोथियाँ,
नेह की बात होगी निबन्धों में जब,
कसमसाएँगी आपस की अनुभूतियाँ।

सोइए हो के बेसुध निवेदन है पर,
कोई सपना बिराना सँजोना नहीं,
अब तो आँसू हैं हम आपकी आँख के,
भूलकर भी कभी आप रोना नहीं।

जाने-अनजाने जब शाख़ से छू गये,
भर गया ख़ुशबुओं से हमारा बदन,
फूल की पँखुरी पर जमी ओस से,
प्यास मन की बुझी कर लिया आचमन।

नाव-पतवार सब आपके हाथ है,
है क़सम पार करना डुबोना नहीं,
अब तो आँसू हैं हम आपकी आँख के,
भूलकर भी कभी आप रोना नहीं।

अब तो सागर की लहरें भी अपनी हुईं,
जो लिखा रेत पर वो मिटातीं नहीं,
देखिए बिजलियों की महरबानियाँ,
कड़कड़ाती तो हैं घर जलातीं नहीं।

गाल पर मत लगाओ दिठौना प्रिये,
प्यार मेरा कोई जादू-टोना नहीं,
अब तो आँसू हैं हम आपकी आँख के,
भूलकर भी कभी आप रोना नहीं।

कुछ मुक्तक

तेरे बिना ये ज़िंदगी उदास-सी लगी,
पन्ने पलट के देखा तो इतिहास-सी लगी,
पहले तो कुछ ऐसा न था पर अब न जाने क्यूँ,
कुछ तृप्ति-सी लगी तो बहुत प्यास-सी लगी।

रुसवाइयाँ मिलेंगी यूँ ही खत न भेजिए,
पलकों में बेशक़ीमती आँसू सहेजिए,
सह लेंगे जो भी आप हमें कहिए बेहिचक,
यूँ पाँव की उँगली से न मिट्टी कुरेदिए।

कुछ मुक्तक

बस एक ही ग्राहक बचा दिल की दुकान में,
सोचा था साथ दोगे तुम ऊँची उड़ान में,
जब यूँ झटक के डाली तोड़ दोगे घोंसला,
पंछी रहेगा फिर कहो किसके मकान में।

अपने तसव्वुरात में बुलाइए हमें,
दिल में किसी के दर्द-सा बसाइए हमें,
दिल के सुकूँ को ऐसे भटकना फुज़ूल है,
अपनी ग़ज़ल का काफ़िया बनाइए हमें।

कुछ मुक्तक

पीड़ाएँ मन मसोसकर के दिल में रह गयीं,
सब वेदनाएँ आँसुओं के साथ बह गयीं,
जो बात उम्र भर न कही आपने हमें,
वो चिट्ठियाँ जो देर से आयी हैं कह गयीं।

आप आये तो पुरवाइयाँ चल गयीं,
एक मुस्कान में सर्दियाँ गल गयीं,
ये दहकती छुअन और मेरा चमन,
फूल भी जल गये तितलियाँ जल गयीं।

कुछ मुक्तक

तस्वीर ले गये मेरी आँखों में डालकर,
बदले में दे गये मुझे आँसू उबालकर,
उम्मीद पर है टिक रहा इंसान इसलिए
मैं शर्त लगा लेता हूँ सिक्का उछालकर।

मस्जिद हो तुम अगर मुझे मंदिर ही मान लो,
हो आयतों में गर मुझे श्लोक जान लो,
कब तक सहेंगे और रहेंगे अलग-अलग,
मैं पूजूँ तुम्हें तुम मेरे दिल में अज़ान दो।